AF203843

Sabine Bähr

Heilgebete

Kraftvolle Heilgebete zum Loslassen von Blockaden auf allen Ebenen

© 2014 Sabine Bähr
Foto (Umschlag): Johanna Hartwig
Verlag: tredition GmbH, Hamburg

ISBN
Paperback   978-3-7345-0737-3

Printed in Germany

Liebe Leserin, lieber Leser,

mit diesem Buch erhalten Sie meine Heilgebete, die über einen längeren Zeitraum entstanden sind. Sie können die Gebete laut oder leise lesen. Empfehlenswert wäre, wenn Sie sich oder die Personen, bzw. Tiere immer als „heil und gesund" vorstellen. Wünschen Sie sich beispielsweise eine neue Partnerschaft, nehmen Sie sich in einer glücklichen Partnerschaft in der Fülle auf allen Ebenen wahr. Dabei spielt es keine Rolle, ob Sie die Bilder realitätsnah sehen, wahrnehmen oder spüren. Das Wichtigste dabei ist, dass sie immer positiv denken.

Alle Gebete können Sie auch gern für andere Menschen sprechen oder lesen, jedoch immer im Bewusstsein, dass sie nicht in den Lebensplan der Person eingreifen dürfen. Jeder ist für seine eigene Heilung verantwortlich. Gebete können helfen eingefahrene Verhaltensmuster zu erlösen und zu heilen.

Die Gebete sollten an 21 aufeinander folgenden Tagen laut oder leise gesprochen oder gelesen werden. Erfahrungsgemäß verändert sich das alte Verhalten erst nach 21 Tagen. Dann hat das Unterbewusst sein das neue Verhaltensmuster angenommen und verändert. Seien Sie gewiss, dass das auch funktioniert, wenn Sie die Gebete für andere Menschen oder Tiere gesprochen haben. Nicht immer ist das neue Verhalten gleich zu erkennen.

Alles geschieht in der göttlichen Ordnung und im Vertrauen.

Herzlichst

Ihre Sabine Bähr

Inhaltsverzeichnis

Lernaufgaben und Blockaden

Guter Gott,

eines Tages hast Du mir befohlen,

dieses Leben hier auf Mutter Erde anzunehmen.

Ich entsprach Deinem Wunsch.

Mein Wunsch ist es, meine Lernaufgaben und Blockaden zu lösen,

mit Deiner Hilfe.

Danke. Amen.

Wachstum

Guter Gott,

als ich Dich das erste Mal sah, war ich klein und verletzlich.

Jetzt bin ich gewachsen.

Habe viele Jahre auf „Mutter Erde" verbracht, viele schöne Dinge

erlebt, aber auch manchmal die Schwere meiner Lernaufgaben

spüren dürfen.

Deine Liebe und Deine Heilung fließen durch mich,

lassen mich erstrahlen in Deinem göttlichen, heilenden Licht.

Ich weiß, Du siehst meine Seele heil und gesund und so soll es sein.

Ich danke Dir.

Schalom und Amen.

Eltern und Geschwister

Guter Gott,

ich weiß, dass meine Eltern und meine Geschwister

meine Lernaufgaben sind.

Ich habe hart an mir gearbeitet, dafür danke ich Dir.

Mein Bewusstsein lehrt mich bewertungsfrei zu handeln.

Manches rührte mich zu Tränen, manches stärkte mich.

Ich weiß, mein Platz ist richtig und wichtig, dafür danke ich Dir.

Ich will vergeben und vergebe aus allen Richtungen der Zeit, jetzt.

Danke. So sei es. Amen.

Eltern

Guter Gott,

ich danke meinen Eltern, dass sie mich gezeugt und

geboren haben.

Manchmal fühle ich mich nicht angenommen, wertgeschätzt und

geliebt.

Ich weiß, dass meine Eltern mich sehr lieben.

Zeig mir den Weg des bewertungsfreien Handelns und Fühlens auf

allen Ebenen und aus allen Richtungen der Zeit.

Die Liebe und das Wohlwollen meiner Eltern lassen mich wachsen.

Tief in meinem Herzen spüre ich die Verwurzelung für meine

Herkunftsfamilie.

Ich weiß, mein Platz ist richtig und wichtig.

Ich danke Dir.

Schalom. Amen.

Neubeginn

Guter Gott,

hier bin ich.

Stehe fest und sicher mit beiden Beinen in meinem Leben,

fühle Deine stärkende Liebe in meinem Sein,

fühle das Vertrauen und die Freude über das Gelebte und Gelöste

aus allen Richtungen der Zeit.

Bin jetzt in meinem Frieden.

Ich weiß, dass Du für mich sorgst und ich meinen neuen
Lebensweg

in der absoluten Fülle auf allen Ebenen gehen darf, jetzt.

Danke für alle positiven Eigenschaften,

die in mir und um mich herum fließen und erstrahlen.

Danke für Dich! Schalom und Amen.

Kraft und Stärke

Guter Gott,

liebevolle Energie durchflutet mein Sein.

Ich spüre Deine Kraft und Stärke.

Alles geschieht in Deiner göttlichen Liebe und im Vertrauen.

Ich weiß, ich darf vergeben aus allen Richtungen der Zeit

und in der Fülle auf allen Ebenen leben.

Du schmückst mein Haupt mit einem Lorbeerkranz.

Siegreiches Gelingen auf allen Ebenen in Verbindung mit positiven

Verhaltensweisen manifestiert sich dauerhaft in meinem Herzen.

Danke, dass ich auf allen Ebenen strahlen darf.

Danke, dass ich Deine Liebe als wunderbares Werkzeug der

Heilung auf allen Ebenen nutzen darf.

In Deinem Willen gehe ich mit positiven Gedanken und Schritten

meinen Lebensweg, jetzt.

So sei es. Amen.

Glaube

Guter Gott,

ich erfahre Deine Liebe als wunderbares heilendes Werkzeug.

Ich lausche Deinen Worten, treffe liebevolle Entscheidungen

– immer in dem Bewusstsein, dass Du an meiner Seite bist.

Deine Helfer stehen mir mit Ihrer lichtvollen und strahlenden

Energie in allen Lebenslagen hilfreich zur Seite.

Ich weiß, ich bin heil und gesund und ich bin gut so,

wie ich bin. Dafür danke ich Dir.

Schalom und Amen.

Freunde

Guter Gott,

meine Einsamkeit und mein Unverständnis ist riesengroß.

Hilf mir meine Lernaufgabe jetzt zu erfüllen.

Ich wünsche mir aufrichtige, ehrliche, aufgeschlossene und

kontaktfreudige Freundinnen und Freunde, die mich dauerhaft

begleiten, jetzt.

Lass mich offen sein, neue Beziehungen zu knüpfen und somit in

der Leichtigkeit und Freude zu leben mit ganz viel Spaß.

Danke. So sei es. Amen.

Loslassen der Kinder

Guter Gott,

danke, dass ich Mutter/ Vater sein darf.

Meine Liebe zu meinen Kindern, Stiefkindern und Enkelkindern,

geborene und ungeborene, aus allen Richtungen der Zeit, ist

grenzenlos.

Meine Schuldgefühle nagen an mir.

Ich weiß, dass ich loslassen darf auf allen Ebenen.

Sende mir die Kraft des liebevollen Loslassens und lass mich

zukünftig bewertungsfrei und friedvoll leben.

Ich bitte für meine Kinder, Stiefkinder und Enkelkinder und für

mich um Leichtigkeit auf allen Ebenen.

So sei es. Amen.

Anmerkung: Loslassen bedeutet, ich lasse alles Negative – aus
allen Richtungen der Zeit – in Liebe jetzt los. Die liebevollen
positiven Energien bleiben bestehen, bzw. festigen und stärken
sich.

Schwangerschaft

Guter Gott,

ich weiß, Du entscheidest über das Leben hier auf Mutter Erde.

Ich danke Dir für die Mutterschaft.

Ich will liebevoll meine Kinder tragen und in Deinem Bewusstsein

dankbar sein.

So sei es. Amen.

Partnerschaft

Guter Gott,

in Deinem Willen nehme ich Abschied von meinem alten

bisherigen Leben.

Ich danke allen Lernaufgaben und Partnern für das Wachstum.

Jetzt bitte ich um eine glückliche Partnerschaft auf allen Ebenen.

Liebe möge unser Sein ein Leben lang erfüllen.

Ich weiß, dass Du meinen Wunsch jetzt erfüllst.

Danke! So sei es. Amen.

Familie, Freunde und beruflicher Neuanfang

Guter Gott, ich weiß, die Zeit mit meiner Familie und Freunden ist richtig und wichtig. Jetzt habe ich „Familie" und „Freunde" gelebt. Ich durfte über vieles aus allen Richtungen der Zeit nachdenken und einige Blockaden lösen. Meine Lerngeschenke habe ich freudvoll aus der wunderbaren und wertvollen karmischen Verpackung mit Fingerspitzengefühl auspacken dürfen. Mein Staunen über den Glanz und die Größe meiner Geschenke ist grenzenlos. Danke, für die Offenbarung.

Nun bitte ich um meinen beruflichen Neuanfang in der absoluten Fülle. In diesem Bewusstsein lebe ich ein wunderbares, partnerschaftliches und familiäres Leben auf allen Ebenen.

Ich bitte um Erlösung aller negativen Energien aus allen Richtungen der Zeit, jetzt. Im Bewusstsein Deiner Liebe und Deiner Helfer freue ich mich auf mein neues Leben, das ich gern und liebevoll leben werde, jetzt.

So sei es. Amen.

Gewichtsprobleme

Guter Gott,

ich trage schwer

an meinem überflüssigen Körpergewicht.

Mein Panzer möge sich durch Deine Hilfe erlösen und mich

schlank – in meinem Wunschgewicht mit … (Zahl) kg –

erstrahlen lassen, jetzt.

Deine Kraft und Deine Heilung auf allen Ebenen

und aus allen Richtungen der Zeit fließt durch mich.

ICH BIN SCHLANK. ICH BIN SCHÖN.

ICH BIN FREI.

Danke! Schalom und Amen.

Anmerkung: Wenn Sie dieses Gebet sprechen, stellen Sie sich vor, wie Sie mit Ihrem Wunschgewicht aussehen.

"Nein" sagen können

Guter Gott,

meine Schuldgefühle sind sehr groß,

wenn ich einem anderen Menschen einen Wunsch abschlage.

Ich fühle mich oft nicht geliebt und angenommen, löse meine

Blockaden im Bewusstsein meines positiven Willens.

Der Spiegel meiner Seele möge auch im Gebrauch des Wortes

"Nein" licht- und liebevoll scheinen.

Dein Wille geschehe. Hier und jetzt.

Danke. Amen.

Opferhaltung

Guter Gott,

immer wieder fühle ich mich

als Opfer, kann die Last nicht mehr tragen, falle und fühle mich oft

zu schwach aufzustehen, meinen lichtvollen und bewertungsfreien

Weg zu gehen und positiv auf allen Ebenen zu leben.

In Deiner Gegenwart erscheint mir vieles leichter und lichtvoller.

Zeige mir den Weg der polaren göttlichen Ordnung, in dem
Frieden,

Freude und inneres Gleichgewicht fließt und strömt.

Ich löse meine Lernaufgaben und Blockaden mit Leichtigkeit aus

allen Richtungen der Zeit und stehe aufrecht und lichtvoll vor dem

Spiegelbild meiner Seele.

In Deinem Bewusstsein fühle ich Kraft, Stärke und Erlösung auf

allen Ebenen, jetzt.

Dafür danke ich Dir. So sei es. Amen.

Eheschließung

Guter Gott,

als ich vor Dir in den Bund der Ehe getreten bin, hatte ich vielleicht andere Lebensabsichten.

Meine Zukunftsgedanken manifestierten sich kurzfristig. Meine geborenen und ungeborenen Kinder kannten meine Lebenseinstellung und sind somit inkarniert, dafür danke ich Dir und meinen Kindern.

Im Rückblick auf mein Leben stelle ich fest, dass ich vieles anders gelebt habe und oder lebe, als bei meiner Eheschließung gewünscht war.

Ich bitte um Auf- und Erlösung aller manifestierten Gedanken, Worte und Taten bezüglich meines Lebens, die mich und meine Kinder am Loslassen aus allen Richtungen der Zeit hindern.

Ich bitte Dich und Deine Helfer um liebe- und vergebungsvolles Loslassen aus allen Richtungen der Zeit für meinen Mann/meine Frau, meine Kinder, unsere Herkunftsfamilien, unsere Ahnen–

wenn es in der Ordnung unserer Seelen ist – und für mich.

Im Bewusstsein Deiner Liebe lassen wir jetzt los.

Ich BIN Vergebung.

Ich BIN frei.

Danke. Amen.

Alkohol

Guter Gott,

ich weiß, ich betäube meine kleine Seele mit alkoholischen

Getränken.

Ich bin sehr traurig und nicht mehr in meiner Mitte.

Alles fällt mir schwer.

Hilf mir, meinen alkoholfreien Weg ab jetzt zu gehen.

Ich bitte um die Kraft und die Selbstliebe, die ich benötige,

um alkoholfrei zukünftig leben zu können.

Ich bin Vertrauen und Erlösung aller negativen Verwicklungen aus

allen Richtungen der Zeit.

Danke!

Schalom und Amen.

Abnehmen und Arbeit

Guter Gott,

ich danke Dir, dass ich abnehmen darf.

Ich spüre täglich, dass mein Panzer schwindet und ich wieder mein
inneres Gleichgewicht finde.

Nun bin ich schlank und freue mich, dass ich einer wunderbaren
Arbeit nachgehen und in der Fülle auf allen Ebenen leben darf,
jetzt.

Ich erfahre und lebe Wertschätzung, Leichtigkeit, Freude und
Vertrauen. Ich weiß, alles geschieht in der göttlichen Ordnung
und zum richtigen Zeitpunkt.

Dafür danke ich Dir.

Schalom und Amen.

Ängste und Partnerschaft

Guter Gott,

ich bitte meine Ängste zu erlösen, jetzt.

Manchmal überkommt mich ein Gefühl der Einsamkeit und mein

Verlustdenken versetzt mich in Angst und Schrecken.

Ich weiß, dass ich vertrauens- und vergebungsvoll in Deinem

Willen und in der göttlichen Ordnung leben darf. Ich freue mich,

meine Lernaufgaben und Blockaden lösen zu dürfen.

Mein Platz hier auf „Mutter Erde" ist wichtig und richtig.

Ich weiß, dass mein Seelenpartner nun zu mir kommt und wir eine

glückliche, lebenslange Partnerschaft führen werden.

Danke. Amen.

Freundschaft

Guter Gott,

meine Dankbarkeit ist grenzenlos.

Du hast meine Gebete erhört.

Viele Jahre habe ich mir eine Freundin oder einen Freund

gewünscht, der/dem ich vertrauensvoll mein Herz ausschütten

darf.

Die guten Gespräche, das gemeinsame Lachen und die vielen

schönen, liebevollen Energien fließen lichtvoll durch mein Sein.

Ich fühle mich getragen durch Deine allgegenwärtige Energie und

ich weiß, dass alles zum richtigen Zeitpunkt geschieht.

Guter Gott, ich trage Deine allumfassende Liebe in die Welt und

strahle dankbar in Deinem Bewusstsein.

So sei es. Amen.

Gebet für die Kinder

Danke, guter Gott, für meine Kinder.

Danke, dass ich Mutter oder Vater sein darf.

Danke, für das große Geschenk der elterlichen Liebe.

Viele Jahre durfte ich meine Kinder lichtvoll begleiten.

Manchmal habe auch ich nicht in Deinem Sinne gehandelt.

Ich habe mir vergeben und meine Kinder um Vergebung gebeten.

Durch Deine geistigen Gesetze des positiven Denkens und

Handelns leben wir in einem wunderbaren Familienverbund, den

Vergebung, Licht und Liebe auszeichnet.

Deine allgegenwärtige Liebe lässt uns freudvoll erstrahlen.

So sei es. Amen.

Liebe

Guter Gott,

viele Tränen habe ich geweint.

Nun sind sie getrocknet.

Ich weiß, dass ich mein Herz öffnen darf für den Segensfluss der

Liebe.

Das große Geschenk der Liebe und Fülle auf allen Ebenen nehme

ich nun dankend an.

Mit den Augen der Liebe danke ich herzlich für das wunderbare

Geschenk der Partnerschaft. Ich fühle und genieße jede

Umarmung,

jeden liebevollen Blick und Deine allgegenwärtige Liebe.

Danke für meinen Glauben. Danke für Dich.

So sei es. Amen.

Verletzlichkeit

Guter Gott,

ich lege meine Geschicke in Deine Hände.

Ich weiß, dass Du für mich sorgst, dass alles zu meinem Wohl

geschieht.

Mein Vertrauen ist grenzenlos. Ich handle aus dem Herzen heraus.

Ich bringe Licht und Liebe in die Welt. Positive Gedanken erhellen

mein Sein.

Meine Verletzlichkeit quält mich manchmal. Sie steht mir im Weg.

Nimm meine Verletzlichkeit und stärke mein Selbstbewusstsein.

Ich will in Deinem Willen stark und liebevoll handeln und leben.

Danke. So sei es. Amen.

Spiritualität

Wenn ich es zulasse, erfahre ich die Liebe Gottes mit allen Helfern als grenzenloses Licht.

Ich vereinige mich mit den Göttern der Spiritualität und des inneren Gleichgewichts.

Ich aktiviere die Energie meines großen Geistes, meiner Hände und meines alten Wissens.

Ich weiß, ich bin heil und gesund und so soll es sein.

In tiefer Dankbarkeit vereinige ich mich demutsvoll mit allen guten Gaben.

Schalom und Amen.

Arbeit

Guter Gott,

ich danke Dir für meine Lernaufgaben, die ich mit Deiner Hilfe liebe- und lichtvoll lösen und heilen darf.

Ich spüre, dass meine spirituelle Arbeit Kraft und Energie benötigt, die ich gern aufwende.

Nun möchte ich eine bestmögliche erdige Arbeit ausüben, die Wertschätzung, Anerkennung und emotionalen Frieden auf allen Ebenen in meinem Sein fließen lässt.

Ich danke für die Erfüllung meiner Wünsche.

Schalom und Amen.

Schlafen

Guter Gott,

ich danke Dir für meinen erholsamen Schlaf.

Danke, dass ich vertrauensvoll meine Geschicke in Deine Hände

legen darf.

Frieden, Freude, Heilung und Fülle auf allen Ebenen möge mein

Sein erfüllen.

Ich fühle die Schönheit auf allen Ebenen,

lebe in der Leichtigkeit und Freude.

So sei es. Amen.

Kinder und Schuldgefühle

Guter Gott,

beschütze meine Kinder und mich.

Meine Schuldgefühle mögen nun zu liebevoller Energie
verwandelt werden.

Vergebung, Vertrauen und fürsorgliche Energie möge in unserem
Sein jetzt fließen.

Schenke mir und meinen Kindern das nötige Urvertrauen, um
unseren Lebensweg kraft- und liebevoll zu gehen.

Unsere Lebenslernaufgaben sind vielfältig und unterschiedlich und
unsere Verbundenheit soll liebe- und lichtvoll sein.

Wir danken Dir für Geborgenheit, Leichtigkeit und Fülle auf allen
Ebenen.

Schalom und Amen.

Gottesgeborgenheit

Guter Gott,

Du bist mein Gefährte, meine Liebe, mein Weg.

Begleite mich liebevoll auf allen Wegen.

Trage mich auf Deinen starken Armen

und lass mich Deinen klaren Verstand nutzen in meinem Leben,

um licht- und liebevoll zu leben.

Danke! So sei es. Amen.

Loslassen

Ruhe kehre ein in mein Bewusstes und Unbewusstes.

Ich binde mich an die Quelle des Seins an. Im Bewusstsein des

Loslassens auf allen Ebenen und aus allen Richtungen der Zeit,

verabschiede ich mich jetzt von allen negativen Situationen,

Gedanken, Emotionen und Bildern.

Möge Gott, der Schöpfer mit allen Helfern kraft-, liebe- und

lichtvoll wirken. Im Bewusstsein des Loslassens auf allen Ebenen

löse ich mich jetzt auch von mir und über mich ausgesprochenen

Flüchen, Gelübden, Armut, Krankheiten und Zölibat aus allen

Richtungen der Zeit.

Ich bin Vergebung und Erlösung, jetzt.

Danke! Amen.

Heilung

Manchmal fühle ich den Schrei meiner Seele nach Heilung,

liebevoller Umarmung und Loslassen.

Fühle Macht- und Trostlosigkeit im Bewusstsein meiner

körperlichen Fülle und Schmerzen.

Guter Gott, ich weiß, dass ich durch und mit Deiner Hilfe loslassen

darf auf allen Ebenen und dass mir jetzt Heilung widerfährt.

Dafür danke ich im Bewusstsein meiner göttlichen Liebe.

So sei es. Amen.

Fülle

Guter Gott,

Deine Liebe ist mein Werkzeug für meine Heilung, meinen Frieden

und das Vertrauen.

Du bist mein Weggefährte.

Mein Weg ist liebevoll zu meiner Fülle auf allen Ebenen geebnet.

Ich danke Dir für Deinen Segen.

Amen.

Herz

Guter Gott,

danke für mein liebendes Herz.

Mein Herzschlag ist ruhig und gleichmäßig.

Mein Blut fließt und strömt im Einklang

mit Körper, Geist und Seele.

Ich bin Gleichgewicht.

Ich bin Selbstliebe.

Ich bin Wertschätzung.

Ich vertraue dem Fluss des Lebens.

Ich bin frei und dafür danke ich Dir.

Schalom und Amen.

Blockiertes Geld

Guter Gott,

danke für den Segensfluss der Fülle auf allen Ebenen,

der nie versiegt.

Die Verteilung des Geldes geschieht in Deinem Willen und ich

weiß, dass alles in der göttlichen Ordnung geschieht.

In Deinem Willen will ich nach der „Zen-Regel" leben:

Ein Teil sparen, mit einem Teil alle Rechnungen bezahlen

und ein Teil für wohltätige Zwecke ausgeben.

Danke!

So sei es. Amen.

Fühlen und Trauer

Guter Gott,

manchmal gefriert mein Sein.

Ich kann keine Wärme, Herzlichkeit und Geborgenheit fühlen.

Bin in meiner Trauer fest verankert.

Weiß nicht, wie ich vergeben, vergessen oder verzeihen darf.

Hilf mit Deinen Helfern, dass diese negativen Energien,

aus allen Richtungen der Zeit, zu Licht und Liebe verwandelt

werden, jetzt.

Ich danke Dir.

Schalom und Amen.

Fürbitte

Guter Gott und liebe Engel,

Ihr seid die Kraft in meinem Leben.

Dankbar bete und bitte ich tagtäglich

im Bewusstsein des Loslassens auf allen Ebenen

und aus allen Richtungen der Zeit zu Euch.

Friedvoll will ich meinen Weg gehen.

Ich weiß, dass ich nun meine Lerngeschenke annehmen darf.

Danke für das Licht und die Liebe.

So sei es. Amen.

Freunde und Partner

Guter Gott,

ich fühle mich oft sehr einsam.

Lose Freundschaften erhellen meine Freizeitgestaltung.

Jedoch fühle ich große Traurigkeit,

dass ich ohne Partner mein Leben gestalten darf.

Ich wünsche mir von Herzen liebevolle Freunde

und einen bestmöglichen Partner, die bewertungsfrei, liebe- und

lichtvoll leben und handeln.

In Deinem Willen nehme ich meine Lernaufgabe an, bewältige sie

jetzt und lebe in einer glücklichen Partnerschaft und einem

interessanten, herzlichen Freundeskreis in der Fülle auf allen

 Ebenen.

Danke für die Erfüllung meines Wunsches.

Schalom und Amen.

Wertschätzung/Mobbing

Guter Gott,

wieder einmal stoße ich an meine Grenzen.

Du lehrtest mich bewertungsfrei zu leben.

Mit großem Erfolg und Dankbarkeit nahm ich diese Lernaufgabe

an.

Jedoch fällt es mir manchmal schwer mit liebevollen Augen und

Gefühlen, niederen Energien, wie Neid, Missgunst,

Unzufriedenheit und persönlichen Beleidigungen umzugehen.

Ich weiß, ich sehe in meinen Blockadespiegel, der in einer satten

Loslassenergie spiegelt. Sehe ich klar, darf ich klar und

verständnisvoll alle negativen Verbindungen – aus allen

Richtungen der Zeit – lösen.

Ich bitte um diese Klarheit auf all meinen Wegen und zu jeder Zeit.

Mögen mich persönliche Verletzungen nicht mehr treffen.

So sei es. Amen.

Zufriedenheit

Guter Gott, nun weiß ich, was Zufriedenheit ist.

In meiner inneren und äußeren Heilung finde ich meinen Frieden.

Die Türen der Einsamkeit habe ich verschlossen, eine nach der

anderen. Will nicht mehr zurückschauen. Liebevoll schaue ich in

meine Zukunft. Lebe in einer glücklichen, zufriedenen

Partnerschaft in der Fülle auf allen Ebenen, jetzt. Habe allen

Partnern aus allen Richtungen der Zeit vergeben und um

Vergebung gebeten, wunderbar!

Freudvoll öffne ich mein Herzchakra für die Liebe.

Ich spüre liebevolle Kommunikation auf allen Ebenen,

bewertungsfreies Denken und Handeln. Fühle mich getragen und

geliebt. Endlich darf ich „Geben und Nehmen" im Gleichgewicht

der Gefühle. Die Zartheit meiner liebevollen Gedanken und

Gefühle lässt mich eins sein mit mir und meinem Körper. Ich weiß,

ich bin geliebt und ich liebe, jetzt und immer.

So sei es. Amen.

Energetischer Wachstumsprozess

Guter Gott,

als ich ein kleines Mädchen/Junge war, betete ich voller Zuversicht

und Vertrauen zu Dir.

Du hörtest meine intimsten Wünsche und Gedanken.

Ich fühlte mich geliebt und angenommen.

Je älter ich wurde, um so gefestigter wurde mein Glauben.

Viele Lernaufgaben verlieren ihre Härte, wenn ich zu Dir spreche

und ich mich geborgen und getragen fühle.

Deine allumfassende Liebe, die mich selbst liebend und

bewertungsfrei leuchten lässt, ist mein größtes Geschenk in

meinem Leben. Deinen Juwel trage ich in meinem Herzen. Er

leuchtet prachtvoll und schenkt mir Segen, Fülle, Vergebung und

Vertrauen auf allen Ebenen.

Danke für meinen Weg des Glaubens, der mich licht- und liebevoll

strahlen lässt, jetzt und aus allen Richtungen der Zeit.

So sei es. Amen.

Frieden und Freude

Guter Gott,

manchmal vermisse ich Frieden und Freude in meinem Leben.

Spiel und Spaß sind Eigenschaften, die ich nicht leben kann.

Ich fühle Schwere und emotionale Gebundenheit.

Das Tor der Freude und des Friedens möge sich jetzt öffnen und

mir alle Lasten aus allen Richtungen der Zeit abnehmen, jetzt.

Im Spiraltanz der liebevollen und bewertungsfreien Energien will

ich nun alles Belastende loslassen und mich an die Quelle der

Fröhlichkeit anschließen.

Danke für Frieden und Freude, jetzt.

So sei es. Amen.

Eltern- und Großelterngebet

Guter Gott,

öffne die stille Post zu meinen Kindern und/ oder

Schwiegerkindern und/ oder Enkelkindern aus allen Richtungen

der Zeit.

Meine lieben Kinder, Schwiegerkinder und Enkelkinder, meine

Seele schreit nach Wertschätzung und Geborgenheit.

Seht und fühlt die liebevolle weite Öffnung meines Herzens, dass

Euch in der Gesamtheit eurer Gefühle bewertungsfrei liebt und

annimmt.

Wisst, dass ich gern liebevolle Mutter/liebevoller Vater/

Schwiegermutter/-Vater/Oma/Opa bin und Euch sein möchte.

Nehmt mich so, wie ich bin.

ICH BIN …(Name).

Ich BIN.

Danke. Schalom und Amen.

Herzlichkeit

Guter Gott,

öffne mein Herz. Lass mich aus dem Herzen strahlen und leuchten.

Meine Lernaufgaben sind vielfältig und manchmal ist es sehr

schwer loszulassen und zu vergeben.

Doch deine Liebe und Gnade lässt meine Lieblichkeit wachsen.

Mein Herz öffnet sich für die Liebe und Leichtigkeit.

Ich kommuniziere auf allen Ebenen herzlich und vergebungsvoll.

Du bist bei mir, dafür danke ich Dir.

Schalom und Amen.

Zulassen

Guter Gott,

ich schaue in mein Herz und fühle viele Verletzungen.

Immer, wenn ich Gefühle zulasse und glücklich bin, werde ich

verletzt. Dann spüre ich Dunkelheit, Wut, Zorn und tiefe Trauer.

Das Lösen meiner Lernaufgaben fällt mir nicht immer leicht.

Ich weiß, dass ich vergeben und vertrauen darf.

In deinen Händen fühle ich mich getragen und geborgen.

Schenke mir das Gefühl des Zulassens und Verstehens aus allen

Richtungen der Zeit, jetzt.

In deinem Willen bitte ich jetzt um Vergebung.

ICH BIN VERGEBUNG. ICH BIN FREI.

Danke. Amen.

Fühlen

Guter Gott,

viele Jahre habe ich meine Herzenstür verschlossen.

Einige Male habe ich versucht sie zu öffnen, ohne Erfolg.

Ich habe hart an mir gearbeitet.

Zeig mir den Weg der inneren und äußeren Geborgenheit, der mit

Selbstwertgefühl und Wertschätzung liebevoll geebnet ist.

Mögen Trauer, tiefer Schmerz und alle Blockaden sich jetzt erlösen.

Meine Herzenstür lässt sich leicht und liebevoll öffnen,

im Bewusstsein des Loslassens auf allen Ebenen und aus allen

Richtungen der Zeit, vergebe ich jetzt.

Christus erlöse mich, jetzt, danke.

Amen.

Tabletten loslassen

Guter Gott,

ich danke Dir, dass ich die Tabletten einnehmen durfte.

Nun will ich meine Trauer loslassen und in der Geborgenheit und Leichtigkeit energievoll mein Leben annehmen, tablettenfrei.

Ich verlasse jetzt meinen Käfig der Abhängigkeit und lebe natürlich und energievoll.

Ich bin Loslassen meiner Suchtproblematik, Tabletten und Ängste aus allen Richtungen der Zeit.

Mein Gewicht reduziert sich auf … kg.

Das gespeicherte Wasser lasse ich jetzt los.

Danke für meine Freiheit.

Schalom. Amen.

Heimweh

Guter Gott,

mein Zuhause ist wichtig und richtig.

Ich liebe meine Familie und Freunde sehr.

Nun will ich in den Urlaub fahren.

Verlustängste und Heimweh nagen an mir.

Ich weiß, dass der Urlaub oder die Reise wichtige Lernaufgaben

beinhalten und deshalb möchte ich gern einen freud- und

lichtvollen Urlaub verbringen.

Stärke mein Vertrauen.

Ich weiß, ich bin in Sicherheit und freue mich nach dem Urlaub

auf meine Familie und Freunde.

Danke. Amen.

Ordnung

Guter Gott,

alles ist in göttlicher Ordnung, das lehrtest Du mich.

Manchmal fällt es mir schwer zu vertrauen.

Doch spüre ich immer wieder Deine Nähe und Liebe.

Leichtigkeit durchflutet mich und ich fühle Heilung

auf allen Ebenen, dafür danke ich Dir.

Alles ist in göttlicher Ordnung.

Danke. Schalom und Amen.

Trauer

Guter Gott,

Mut zur Trauer habe ich. Nun will ich Mut zur Leichtigkeit leben.

Ich danke für meine Lernaufgabe

und bitte jetzt mein Lernziel erreichen zu dürfen.

In Deinem Willen schließe ich mein neues Lebenstor auf.

Ich entschließe mich jetzt für ein neues freudvolles Leben.

Danke, dass ich meine Trauer durch Dankbarkeit für das gelebte

Schöne ersetzen darf.

Danke für Deine Liebe, Geborgenheit und Kraft.

Ich bin frei. Schalom und Amen.

Anmerkung: Zusätzlich zur Trauer empfiehlt es sich das
nachfolgende Gebet zur Leichtigkeit zu lesen.

Leichtigkeit

Guter Gott,

führe mich in Deine Welt der Liebe und des Friedens.

Gewähre mir Deine Sichtweise des bewertungsfreien Denkens und Handelns.

Gewähre mir Frieden auf allen Ebenen und lass mich vergeben aus allen Richtungen der Zeit.

Deine Liebe trage ich als Schatz in meinem Herzen.

Ich leuchte und lebe in der Leichtigkeit und Fülle auf allen Ebenen.

Danke. So sei es. Amen.

Haut

Guter Gott,

meine Haut ist gerötet und empfindlich.

Mein Gesicht ist unansehnlich und meine Hände können nur noch

mit Baumwollhandschuhen geben und nehmen.

Längst begreife ich den Sinn meiner Lernaufgabe nicht mehr.

Du sprichst von Ordnung, die ich auf allen Ebenen schaffen darf.

Das fällt mir jedoch schwer.

Hiermit nehme ich meine Heilung an.

Ich weiß, dass ich meine Trauer überwinde und im Urvertrauen

jetzt Ordnung schaffe.

Alles ist in göttlicher Ordnung.

So sei es. Amen.

Schutz

Guter Gott,

mein Platz hier auf Mutter Erde ist richtig und wichtig.

Im Bewusstsein des Dienens auf allen Ebenen bitte ich Dich und

Deine Helfer um meinen speziellen Schutz, damit ich zukünftig

liebe- und lichtvoll kommuniziere. Kraft, Stärke und inneres

Gleichgewicht fließen freudvoll in meinem Sein.

Bitte stärke meine innere Weisheit und meine Intuition, jetzt.

Danke. Amen.

Fernseh- und Computer-Sucht

Guter Gott,

ich pflege meine Kommunikation fast ausschließlich

mit dem Fernseher und oder dem Computer.

Es fällt mir schwer, mich meiner Familie und meinen Mitmenschen

zu öffnen und eine liebe- und lichtvolle Kommunikation zu

pflegen.

Öffne mich für den bestmöglichen liebevollen Umgang mit meiner

Herkunftsfamilie (Eltern, Stiefeltern, Geschwister, Oma, Opa,

Schwiegereltern), meinen Kollegen, Vorgesetzten, Freunden und

meinem (r) Partner/ -in.

Trauer und Einsamkeit möge sich aus meinem Bewussten und

Unbewussten erlösen, jetzt.

Ich danke dafür. Amen.

Haarausfall

Guter Gott,

mein Haar ist voll und schön. Nun stelle ich immer öfter fest,

dass meine Haare ausgehen.

Die Angst in mir wächst, dass ich eines Tages nur noch wenige

Haare als Kopfschmuck trage.

Ich weiß, dass Du mein Gebet erhörst, alle Verstrickungen aus

allen Richtungen der Zeit zu lösen.

Alle Entwurzelungen, die nicht zu mir gehören, erlösen sich jetzt.

Mein Haar ist voll und schön.

Wie ein Löwe schüttele ich mein Haupt. Jedes Haar schmeichelt

mir.

Führe mich in das Vertrauen der Heilung und des Loslassens auf

allen Ebenen.

So sei es. Amen.

Anmerkung: Es ist unbedingt wichtig, dass Sie sich gedanklich mit
einer vollen Haarpracht sehen oder wahrnehmen.

Gott ist mein Freund, mein Begleiter, meine Liebe.

Ohne meinen Glauben hätte ich viele Dinge in meinem Leben nicht aushalten, erreichen, leben und vergeben können.

Gebete haben mir in meinen Lebenskrisen geholfen, die Situationen vertrauensvoll durchzustehen. Ich habe mir vergeben und auch allen anderen Seelen und ich habe um Vergebung gebeten ...

Heute weiß ich, dass meine Seele wachsen durfte an meinen Erlebnissen. Ich bin dankbar für meinen Glauben an Gott und danke ihm von Herzen für seine Liebe.

Viel später habe ich auch der göttlichen Führung gedankt.

Es ist ein lichtvoller Weg. Danke.

Sabine Bähr

Index

Sabine Bähr wurde 1963 in Karlsruhe geboren. Sie verbrachte die meisten Jahre Ihres Lebens zusammen mit Ihrer Zwillingsschwester Cerstin in Travemünde und Lübeck. Zunächst wollte sie Ihre angeborenen Fähigkeiten Hellsehen, Hellfühlen und Helldenken nicht leben und so wurde sie erfolgreich zur Verwaltungsfachangestellten ausgebildet. Seit 2001 wohnt und arbeitet die Mutter von zwei erwachsenen Söhnen nun im Schleswig-Holsteinischen Heide und ist dort sehr erfolgreich als Channel-Medium, Geistheilerin und mediale Beraterin tätig. Mit diesem Erstlingswerk wagt sie den Schritt in die Welt der Buchautoren. Weitere Bücher sind in Vorbereitung.

Die Autorin

Zeitfracht Medien GmbH
Ferdinand-Jühlke-Straße 7
99095 Erfurt, Deutschland
produktsicherheit@kolibri360.de